15 trucs pour ne plus procrastiner

Martin KURT

SOMMAIRE

Quinze trucs pour ne plus procrastiner

REMERCIEMENTS

Je tiens à remercier l'ensemble de mes proches qui m'ont aidé, de près ou de loin, à la réalisation de cet ouvrage. Je tiens notamment à remercier Jos et Cédric AHTOY, pour leur travail de relecture et leurs conseils pertinents ; Cédric DEBACQ, le graphiste qui a réalisé la couverture de ce livre ainsi que Rafique SUCHWANI, sans qui ce livre ne serait pas disponible au format numérique.

Je tiens également à <u>vous</u> remercier pour la confiance que vous me portez en achetant aujourd'hui mon ouvrage. J'espère qu'il vous plaira et qu'il vous aidera à moins procrastiner, au service d'une vie épanouie ;)

À PROPOS DE LA SYNTAXE

Ce livre a été relu avec le logiciel Antidote 8. La correction orthographique a été réalisée suivant les rectifications orthographiques du français de 1990.

Ceci est la raison pour laquelle certains mots du livre sont orthographiés différemment de leur forme habituelle.

MARTIN KURT

INTRODUCTION

« Il vaut mieux avancer lentement que d'être à l'arrêt »

Proverbe africain

La procrastination est la tendance à repousser au lendemain ce qu'on pourrait faire aujourd'hui. Pour cela, on se donne tout plein de bonnes raisons (lire ses e-mails, faire les courses…) pour repousser des tâches importantes qui, au final, ne sont jamais réalisées. Vous savez, c'est comme toutes les fois où vous vous dites « demain, je me mets au sport » et… un mois plus tard, rien n'a changé. Le problème de la procrastination, c'est que cela engendre de nombreux inconvénients tels que :

- **Stress** de ne pas réaliser vos objectifs à temps.
- **Perte de temps et d'argent :** par exemple si vous devez acheter un billet d'avion, plus vous procrastinez, plus vous payerez cher votre billet.

Plan de l'ouvrage

Vous découvrirez dans un premier temps quelles sont les causes et les conséquences de la procrastination. Je vous dévoilerai ensuite 15 trucs (ainsi que quelques réflexions) que vous pourrez utiliser pour ne plus procrastiner, afin d'atteindre vos objectifs et transformer vos rêves en réalité.

<u>Attention :</u> ce livre n'est pas une baguette magique qui vous permettra d'arrêter de procrastiner du jour au lendemain sans effort. Les quinze « trucs » pour ne plus procrastiner ne prétendent pas être exhaustifs et s'adapter à tous les cas particuliers. Aucun « truc » ne peut à lui seul changer vos habitudes de vie.

<u>Mon conseil :</u> testez les différents « trucs » présentés dans cet ouvrage. Combinez-les ensemble pour créer de nouvelles habitudes. Adaptez-les à votre style de vie et à votre personnalité. Avec le temps, les conseils de ce livre vous aideront, je l'espère, à changer petit à petit vos habitudes pour moins procrastiner au quotidien et passer à l'action. Bonne lecture.

QUELLES SONT LES CAUSES DE LA PROCRASTINATION ?

Vous êtes malade ? Pour être bien soigné, il est important de consulter un(e) médecin qui déterminera l'origine du problème et les moyens (action corrective) à mettre en place pour vous guérir.

Concernant la procrastination, c'est la même chose. Déterminons quelles sont les principales causes de la procrastination, afin d'identifier des stratégies que vous pourrez mettre en place pour procrastiner moins souvent et moins longtemps.

Raison n° 1 : La peur de l'échec

Vous avez peur de ne pas réussir à faire quelque chose ? Peut-être allez-vous sans cesse repousser l'accomplissement de cette tâche pour ne pas avoir à surmonter un sentiment d'échec.

C'est l'exemple de l'écrivain(e) qui améliore en permanence son livre et qui… ne le finira jamais ; car inconsciemment, il/elle a peur d'être confronté(e) à un refus d'éditeur ou à un échec commercial. Repousser *ad vitam aeternam* la publication de son livre lui permet de ne pas prendre le risque d'échouer… ni celui de réussir non plus.

Raison n° 2 : Peur du succès

Paradoxalement, beaucoup de gens ont peur du succès. En effet, le succès de vos projets peut remettre en cause votre routine quotidienne et vous obliger à sortir de votre zone de confort.

Peut-être avez-vous peur également que votre succès suscite la jalousie et brise des amitiés autour de vous ? Peut-être craignez-vous que si vous travaillez trop efficacement, votre supérieur(e) augmente votre charge de travail ? Bref, il peut être tentant de procrastiner… par peur du succès.

Raison n° 3 : Le perfectionnisme

Beaucoup de gens perfectionnistes ont tendance à procrastiner parce qu'elles attendent trop d'elles-mêmes. Elles préfèrent procrastiner plutôt que de subir les exigences qu'elles s'imposent à elles-mêmes.

Raison n° 4 : Le manque de confiance

Beaucoup de personnes procrastinent à cause du « syndrome de l'imposteur ». Elles ne s'estiment pas légitimes là où elles sont. Du coup, elles mettent en place des « barrières mentales » et elles n'osent pas passer à l'action. Par exemple, beaucoup de salarié(e)s n'osent pas demander une promotion alors même qu'ils/elles sont compétent(e)s. En effet, inconsciemment, ils/elles ne pensent pas mériter d'être promu(e)s...

Raison n° 5 : Garder son indépendance

Certaines personnes vont repousser le travail qu'on attend d'eux pour préserver leur indépendance. En quelque sorte, procrastiner signifie « je suis un homme/une femme libre. Je ferai ce travail quand je le déciderai et pas quand vous le décidez ».

Bref, procrastiner est un moyen pour elles de garder de l'autonomie et (l'illusion) de contrôler leur vie.

Raison n° 6 : Être plus efficace

La nature a horreur du vide. Comme l'indique la « loi » de Parkinson : « comme le gaz, le temps se dilate jusqu'à occuper la totalité de l'espace disponible ». Par exemple, si vous vous donnez deux heures pour finir une tâche en cours, les chances sont fortes que vous la terminiez… au bout de deux heures exactement. Si vous vous étiez donné une heure et demie, je suis certain que vous auriez terminé votre tâche… au bout d'une heure et demie.

Pour cette raison, certaines personnes ont tendance à procrastiner. Pour elles, travailler au dernier moment leur permet d'être plus efficaces (besoin de faire la même chose en une période de temps plus courte). Travailler dans l'urgence les stimule.

Raison n° 7 : La pression sociale

Beaucoup de personnes se fixent des objectifs à réaliser non pas parce qu'elles sont motivées intrinsèquement, mais parce qu'elles sont influencées par la pression sociale. Par exemple, beaucoup de gens disent « je souhaiterai arrêter de fumer ».

En général, lorsque les gens ont une _vraie_ bonne raison de changer (exemple : femme qui souhaite arrêter de fumer depuis qu'elle est tombée enceinte), le changement est rapide. À l'inverse, quand les gens disent « je souhaiterai arrêter de fumer » non pas parce qu'ils veulent vraiment arrêter de fumer, mais à cause de la pression de leur entourage et de la société à ne plus fumer, le risque de procrastiner (j'arrêterai de fumer demain) est très important…

LES CONSÉQUENCES DE LA PROCRASTINATION

Dans l'ensemble, procrastiner est plutôt négatif comme vous pouvez le découvrir ci-dessous :

Conséquence n° 1 : Perte de temps

Repousser les choses au lendemain fait perdre plus de temps qu'agir aujourd'hui. Par exemple, si vous devez écrire un rapport de synthèse pour votre travail, vous devrez le rédiger tôt ou tard. Repousser cette tâche vous obligera à gérer votre agenda (noter la tâche à réaliser, gérer votre *to do list*) pour ne pas oublier de faire votre rapport avant la date limite. Et une fois que vous passerez à l'action, il faudra vous « replonger dans le bain », ce qui vous fera perdre du temps.

Pourquoi ne pas finir votre rapport dès que possible ? En ayant une tâche en moins à réaliser, vous vous libérerez l'esprit.

Conséquence n° 2 : Perte d'efficacité

Procrastiner consiste souvent à faire des petites tâches insignifiantes au lieu de vous atteler à vos tâches de fond. En privilégiant l'urgent au détriment de l'important, la procrastination vous fait perdre en productivité et en efficacité.

Conséquence n° 3 : Perte d'opportunités

Si vous êtes célibataire et que vous rencontrez l'homme ou la femme de votre vie, noterez-vous sur votre *to do list* « penser à le/la rappeler » ?

Procrastinerez-vous des semaines avant de le faire ? Sans doute non, car vous ne souhaitez pas prendre le risque de perdre cette belle opportunité.

Que ce soit dans le domaine amoureux ou dans la vie en général, procrastiner peut vous faire perdre de belles opportunités.

Conséquence n° 4 : Perte d'argent

Procrastiner peut coûter très cher. Ainsi il y a quelques années, je me rappelle avoir procrastiné durant plusieurs jours l'achat d'un billet d'avion. Au moment où je l'ai acheté, le prix avait entre temps augmenté de plus de 100 euros… Ce serait dommage de perdre de l'argent par votre inaction, n'est-ce pas ?

Conséquence n° 5 : Manque d'estime de soi

Prenons l'exemple de l'écrivain(e) qui améliore son livre depuis de (trop) nombreuses années et au final… ne le publie pas, car il/elle remet à plus tard la publication de son livre par peur de l'échec ou de la réussite. Procrastiner implique ici :

- **Un manque de confiance :** Inconsciemment, l'écrivain(e) ne s'estime pas être digne d'être lu(e).

- **Un sentiment de culpabilité :** Plus le temps passe, plus l'écrivain(e) se sentira coupable de ne toujours pas avoir fait publier son livre.

Les conséquences de la procrastination ne s'arrêtent pas là : stress, stigmatisation…

À force de repousser sans cesse vos choix de vie et vos projets, vos proches vous accuseront peut-être d'être un « perdant » manquant d'ambition… Cela peut vous faire rentrer dans un cercle vicieux : plus vous procrastinez, plus il vous sera difficile de passer à l'action. En effet, cela implique de remettre en cause le *statu quo* et de trop longues périodes d'inactions.

Heureusement, procrastiner n'est pas une fatalité. Il existe de nombreuses techniques que je vais maintenant partager avec vous pour vous aider à passer à l'action dès maintenant.

TRUC N° 1 :
FAITES UNE CURE
D'INFORMATION

La TV et Internet sont des médias chronophages. Pire, ils sont le parfait passetemps des procrastinateurs. Je ne sais pas pour vous, mais il m'est déjà arrivé de passer des heures à lire des e-mails et des *news* sur Internet alors même que j'avais un travail important à réaliser…

Pour ne plus procrastiner et gagner du temps que vous pourrez consacrer à d'autres activités (développement personnel, sport, famille, amis...), <u>bannissez le zapping</u>. Pour cela :

— N'allumez la TV que pour regarder un programme choisi d'avance.

— Concernant Internet, <u>faites une cure d'information</u>. Pour cela, désactivez les notifications automatiques de votre messagerie pour ne pas vous déconcentrer à chaque fois que vous recevez un nouvel e-mail.

Vous pouvez également installer l'extension StayFocusd sur Google Chrome. Une fois l'extension installée, vous pouvez définir une *blacklist* de sites ainsi qu'une limite de temps d'accès à ces sites. Par exemple si vous passez trop de temps sur Facebook, vous pouvez indiquer une durée de visite maximale, disons de 60 minutes par jour. Au-delà de cette durée, l'accès au site vous sera refusé et vous devrez attendre le lendemain pour pouvoir y revenir.

— Passez moins de temps sur Facebook ou Google News. Dans tous les cas, vous serez tenu informé(e) des informations réellement importantes par vos collègues et vos ami(e)s.

Actions à réaliser

1) Consultez les paramètres de votre messagerie et désactivez les notifications automatiques. Maintenant, pas demain.

2) Installez StayFocusd sur votre ordinateur.

3) Ne consultez les actualités (Google News, Facebook...) que par « session ». Par exemple quelques minutes sur le chemin du travail, quelques minutes à midi et quelques minutes le soir. Entre ces sessions, déconnectez-vous des sites d'actualité.

4) Réfléchissez à une chose que vous pourriez faire si vous disposiez de sept heures de temps libre supplémentaires par semaine. Cela peut être la pratique d'une activité associative, l'inscription à un club de sport ou de danse, l'apprentissage d'un instrument de musique...

Le temps que vous allez gagner grâce à votre cure d'information vous permettra de commencer cette activité d'ici la fin du mois.

18

TRUC N° 2 :
EXPLOITEZ VOS TEMPS MORTS

Vous prenez les transports en commun pour vous rendre au travail ? Exploitez ce « temps mort » pour développer de nouvelles compétences ou pour vous divertir. Vous pouvez notamment :

- Lire des livres que vous avez depuis trop longtemps dans votre bibliothèque et que vous n'avez jamais lus.

- Installer une application sur votre téléphone pour apprendre une langue étrangère, comme Babbel, MosaLingua ou encore DuoLingo...

Vous n'avez pas d'autres alternatives que de prendre votre voiture pour rejoindre votre lieu de travail ?

Prenez l'habitude d'écouter des audiolivres ou des *podcasts* afin d'exploiter le temps du trajet pour vous divertir ou vous instruire sans quitter les mains du volant…

<u>Variante :</u> si le soir en rentrant du travail vous êtes trop fatigué(e) pour écouter un audiolivre, pourquoi ne pas méditer le temps du trajet ? Cela vous permettra d'arriver à destination reposé(e) et de bonne humeur.

Action à réaliser

1) Cherchez dans votre bibliothèque un livre (<u>un seul</u>) que vous souhaitez lire et que vous n'avez jamais lu faute de temps. Amenez-le toujours avec vous (dans votre voiture ou dans votre sac de travail). Lisez-le dès que vous avez quelques minutes devant vous.

TRUC N° 3 :
TRAVAILLEZ PAR SESSION

Savez-vous pourquoi les cours au lycée ou à l'université sont organisés autour de sessions d'une heure ? Tout simplement, car la durée de concentration moyenne d'un(e) adulte est d'environ 45 minutes. Alterner des cours de 45/50 minutes et des pauses de 10/15 minutes permet aux élèves de maximiser leur efficacité…

Que ce soit dans le cadre des études, du travail ou de votre vie privée, si vous souhaitez être plus efficace : **travaillez par session de 45-50 minutes. Accordez-vous de courtes pauses** entre deux sessions de travail.

Actions à réaliser

1) Pensez à une tâche que vous remettez au lendemain depuis trop longtemps. Découpez-là en actions pouvant être réalisées en moins de 50 minutes.

2) Réalisez la première sous-tâche d'ici la fin de la semaine.

Par exemple, vous repoussez sans cesse l'organisation de vos prochaines vacances ? « Découpez » cette tâche en petites sous-tâches que vous pouvez réaliser en moins de 50 minutes comme :

- Poser vos jours de congé.

- Appeler trois organismes de voyage pour demander un devis.

- Réserver vos deux premières nuits d'hôtel.

TRUC N° 4 :
RESTEZ AU TOP DE VOTRE CONCENTRATION

Comme indiqué précédemment, en moyenne, un homme ou une femme adulte peut rester concentré(e) 45 minutes avant de voir sa concentration décliner.

Une autre chose importante à savoir, c'est qu'un être humain a généralement besoin de 15 minutes pour se concentrer au maximum de ses capacités. Ainsi, si vous faites quelque chose et qu'un(e) collègue (ou l'un de vos enfants) vient vous parler, il vous faudra jusque 15 minutes pour retrouver votre procnentration précédant cette interruption.

Pour être plus efficace au quotidien :

- Bannissez les alertes e-mail.

- Accordez-vous <u>au maximum</u> trois sessions d'e-mails par jour : le matin en arrivant au travail, en milieu de journée et le soir avant de partir.

- Optez pour un cadre de travail sans distraction : bouchons d'oreille, télévision débranchée…

- Planifiez des plages horaires consacrées aux tâches importantes à réaliser, idéalement à des moments où votre productivité est à son apogée, en fonction de votre rythme biologique.

Actions à réaliser

1) Désactivez l'option de démarrage automatique de « Skype » et de tout autre logiciel de messagerie automatique. Alternative : mettez-vous en mode « invisible » par défaut. Cela vous évitera d'être incessamment dérangé(e).

2) Achetez une boîte de bouchons d'oreille en cire — par exemple des boules Quiès. En moyenne, les bouchons d'oreilles diminuent les nuisances sonores d'une vingtaine de décibels, ce qui vous permet de ne pas être dérangé(e) par le bruit ambiant.

TRUC N° 5 :
LA RÈGLE DES 10 MINUTES

« Petit à petit, l'oiseau fait son nid »
Proverbe français

Vous avez une tâche de fond que vous souhaitez mener à son terme, par exemple apprendre une langue étrangère? **Consacrez 10 minutes chaque matin à la réalisation de cette tâche avant de commencer les autres activités de la journée.**

Ainsi, même lors de vos journées les plus chargées, votre projet de fond avancera lentement mais sûrement, suivant l'adage « petit à petit, l'oiseau fait son nid ».

Actions à réaliser

1) Réfléchissez à une tâche de fond (importante, mais non urgente) que vous devez réaliser. Commencez aujourd'hui à la réaliser, même à petite dose.

Ainsi, si vous souhaitez améliorer votre vocabulaire en anglais, fixez-vous par exemple l'objectif de lire un petit article ou d'apprendre 5 mots de vocabulaire chaque matin. Pas un de plus ni un de moins. Cela ne semble pas beaucoup, mais « les petits ruisseaux font les grandes rivières ».

La constance dans vos actions fera la différence sur le long terme. Pour reprendre l'exemple précédent :

- Pour parler couramment une langue, on estime qu'il faut connaître 5 000 mots ; et 1000 mots sont suffisants pour arriver à communiquer dans la vie de tous les jours. Apprendre 5 mots par jour est rapide et au bout de six mois, vous arriverez déjà à tenir une petite conversation !

- Si vous lisez peu, pourquoi ne pas lire « juste » 10 pages par jour ? Cela parait peu, mais cela représente l'équivalent de 20 romans de 180 pages par an.

Bref, vous avez saisi l'idée…

TRUC N° 6 :
VISEZ L'AMÉLIORATION CONTINUE

Beaucoup de gens procrastinent par peur de l'échec ou par perfectionnisme. Pour éviter ces deux écueils, adoptez la « méthode Kaizen ».

La méthode Kaizen, c'est quoi ?

« Kaizen » est la fusion de « kai » et « zen », deux mots japonais signifiant respectivement « changement » et « meilleur ». Aussi connue sous le nom de « méthode d'amélioration continue », la méthode Kaizen est souvent utilisée dans le monde de l'entreprise en raison de sa grande efficacité.

<u>Que dit cette méthode ?</u> Au lieu de vouloir atteindre la perfection du premier coup (le mieux est l'ennemi du bien), visez simplement à faire les choses bien. Améliorez-les progressivement par la suite.

Prenons l'exemple des logiciels. Plutôt que de vouloir commercialiser un produit parfait, les éditeurs de logiciels vont lancer une première version dès que le logiciel fonctionne correctement. En fonction des retours d'expérience et des bugs constatés, ils vont corriger et améliorer le logiciel pour en faire une version 2, puis une version 3 et ainsi de suite. À force d'améliorer le logiciel, celui-ci deviendra nettement meilleur que si l'éditeur avait voulu créer le logiciel parfait dès la première tentative.

<u>Le Kaizen n'est pas réservé au monde de l'entreprise.</u> Vous pouvez également l'utiliser pour mener à bien vos projets personnels. Voici deux exemples concrets que je souhaite partager avec vous :

Exemple 1 : Passer un test de compétence

Il y a quelques années, dans le cadre de mes études, j'avais besoin d'obtenir 750 au TOEIC, un test visant à évaluer mon niveau d'anglais. Lors du premier essai, j'avais obtenu un très mauvais score : 450.

Plutôt que de vouloir atteindre 750 au second essai (ce qui aurait pu m'inciter à procrastiner vu l'ampleur de la tâche), je me suis entrainé dans l'objectif d'atteindre 500. Une fois cet objectif atteint, j'ai visé 600 et ainsi de suite. Au final, le passage de ce test fut un peu laborieux. Mais la méthode d'amélioration continue (Kaizen) m'a permis d'obtenir « haut la main » le TOEIC — en l'occurrence un score de 780.

Exemple 2 : Publier un livre

En tant qu'écrivain, la tentation de toujours améliorer mes livres (et au final de ne jamais les terminer) est très présente. Pour éviter cela, j'adopte la méthode Kaizen.

Étape n°1 : J'écris une première version de mon livre. Une fois satisfait à 90 %, je publie la version β (bêta) du livre.

Étape n°2 : Je demande à des ami(e)s ou aux visiteurs de mon blog de lire la version β et de me faire un compte-rendu de leur avis.

Étape n°3 : J'améliore la version β en fonction des avis récoltés. Une fois satisfait à 95 %, je publie la version 1 du livre auprès du grand public.

C'est ainsi que j'ai publié la première version de « 15 trucs pour ne plus procrastiner » le 19 décembre 2013.

Étape n°4 : Au bout de quelques mois/années, je réactualise et j'améliore le livre en fonction des avis des lecteurs/lectrices et des nouvelles informations que j'ai pu découvrir entre temps. Une fois satisfait à 95 %, je publie la version 2 du livre…

En 2018, j'ai décidé de prendre en compte les 17 commentaires publiés sur Amazon pour améliorer ce livre. J'ai corrigé un certain nombre d'erreurs de typographie. J'ai rajouté et réactualisé des exemples concrets. Enfin, j'ai rajouté une partie bonus avec de nouveaux trucs pour ne plus procrastiner. Grâce au Kaizen, la deuxième version de ce livre est bien plus complète que ce que j'avais initialement imaginé.

À retenir

Si vous faites de la randonnée en montagne, regarder le sommet et la distance qui vous en sépare ne vous aidera pas à avancer. Par contre, si vous vous dites que chaque pas vous rapproche du sommet, vous serez motivé(e) et vous n'abandonnerez pas en cours de route.

À partir de maintenant, prenez l'habitude, lorsque vous avez une tâche importante à réaliser, de définir des petits objectifs intermédiaires. Par exemple si vous voulez perdre 10 kg, voici les objectifs que vous pouvez vous fixer :

- Objectif n° 1 : -1 kg
- Objectif n° 2 : -2 kg
- Objectif n° 3 : -4 kg
- Objectif n° 4 : -6 kg
- Objectif n° 5 : -10 kg

Ainsi, atteindre votre premier objectif est relativement aisé. Et si vous abandonnez votre régime à – 4 kg, vous n'aurez pas raté votre régime. Vous aurez au contraire atteint les 3 premiers objectifs (sur 5). Atteindre trois objectifs, c'est plutôt motivant non ?

N'oubliez pas : la perfection n'est pas de ce monde. Au lieu de viser la perfection, visez à faire les choses bien à 90 %. Il sera toujours temps d'améliorer par la suite ce que vous avez déjà fait ;)

Actions à réaliser

1) Identifiez une tâche importante que vous remettez au lendemain depuis trop longtemps par peur d'affronter la difficulté de cette tâche. Puis définissez un objectif principal.

2) Transformez ce gros objectif (qui vous semble insurmontable) en de nombreux sous-objectifs faciles à atteindre.

3) Mettez en place un plan d'action avec des données chiffrées et une date limite. Par exemple au lieu de vous dire « je me mets au sport bientôt », dites plutôt « je m'inscris cette semaine dans une salle de sport. Je ferai 2 séances de 45 minutes de cardio chaque semaine ». Ainsi, vous pourrez suivre votre avancement quant à votre objectif.

4) Réalisez votre premier objectif Kaizen d'ici la fin de la semaine.

TRUC N° 7 :
CRÉEZ-VOUS UN PLANNING

Vous avez du mal à trouver l'équilibre entre votre vie professionnelle, votre vie familiale et votre vie personnelle ? Créez-vous un planning hebdomadaire, à l'image des emplois du temps des lycéen(ne)s ou des étudiant(e)s. Créer un planning vous permettra de :

— Être sûr(e) de réaliser toutes les tâches que vous devez réaliser en affectant un créneau horaire à chaque tâche importante en cours de réalisation.

— Créer une certaine routine et des automatismes, ce qui vous permettra d'être plus efficace au quotidien.

Comment créer un planning ?

1) Définissez quelles sont les tâches que vous devez réaliser.

2) Hiérarchisez-les en fonction de leur importance et de leur urgence, suivant la **matrice d'Eisenhower** :

UI (tâches urgentes et importantes)	**uI** (tâches non urgentes, mais importantes)
Ui (tâches urgentes, mais non importantes)	**ui** (tâches non urgentes et non importantes)

3) Une fois que vous aurez trié vos tâches et vos objectifs en fonction de leur urgence et de leur importance, réalisez en priorité les tâches UI, puis uI et enfin Ui.

4) Concernant les tâches non urgentes et non importantes (ui) : soit vous les réalisez dans l'instant (voir truc n° 8 : « la règle des 3 minutes »), soit elles passent à la trappe.

Comment faire un bon planning ?

Créez-vous un emploi du temps personnel : sur Excel, Google Calendar, sur papier ou sur votre *smartphone*... Peu importe le format choisi : ce qui est important, c'est que le format de votre emploi du temps vous convienne et que vous y ayez facilement accès.

Placez un créneau horaire le matin et/ou en début de semaine consacré <u>uniquement</u> aux tâches urgentes et importantes (UI). De manière générale, placez les tâches importantes en début de semaine – pour être sûr(e) de réaliser ces tâches.

Quant aux tâches moins urgentes ou moins importantes, planifiez-les en soirée ou en fin de semaine. Si vous avez du temps libre, vous pourrez passer à l'action. Si vous n'avez plus de temps libre, pas de regret à avoir : ce ne sont que des tâches secondaires.

<u>Conseil pratique</u> : dans la vie, il arrive toujours des imprévus : tâche qui met plus de temps à être réalisée que ce qui était prévu, maladie, voiture qui tombe en panne... Pour cette raison :

1) <u>Ne remplissez que 70 à 80 % de votre planning.</u> Conservez 20 à 30 % de votre temps disponible pour les tâches mineures et pouvoir parer aux imprévus.

2) <u>Conservez un petit laps de temps entre deux tâches.</u> Par exemple si vous devez faire deux choses le samedi matin, vous pouvez planifier la tâche A disons de 9 h à 11 h et la tâche B de 11 h 20 à 12 h 20. Ainsi, si la tâche A s'avère un peu plus longue que prévu (disons 15 minutes de plus) vous pourrez tout de même commencer la tâche B à l'heure initialement prévue. Si le retard est plus conséquent (disons 30 minutes), vous pourrez malgré tout absorber une partie du retard et éviter que le retard initial ne s'accumule tout au long de la journée.

À titre personnel, j'adore écrire. Mes droits d'auteurs étant fluctuants, pour pouvoir faire bouillir la marmite trois fois par jour, je donne des cours de mathématiques en tant que professeur indépendant.

Certes, le temps c'est de l'argent : donner une heure de cours en moins, c'est une heure de moins que je peux facturer à la fin du mois. Malgré cela, je programme <u>au minimum</u> deux à trois heures de « trou » chaque jour de la semaine. Par ailleurs, je garde quelques créneaux horaires disponibles. Enfin, je laisse un intervalle d'au moins 20 à 30 minutes entre deux élèves.

Ainsi, je dispose d'au moins deux heures par jour pour gérer les à-côtés : gestion de mon emploi du temps, préparation d'exercices, amélioration des supports de cours, envoi de factures, appels des élèves... L'idéal pour ne pas procrastiner !

Si l'un de mes élèves a besoin d'un cours urgent, je peux le rencontrer grâce aux créneaux horaires que j'ai gardés disponibles.

Si un(e) élève a 10 minutes de retard ou si le cours est un peu plus long que prévu, pas de souci. Je peux terminer le cours dix minutes plus tard que prévu sans chambouler mon organisation vu que je dispose d'un temps de battement entre chacun(e) de mes élèves.

Actions à réaliser

1) Réalisez un planning hebdomadaire d'ici la fin de la semaine. Cela vous permettra de concilier vos objectifs professionnels, familiaux et personnels. Si vous avez besoin d'aide dans l'élaboration de votre planning ou si vous souhaitez que je vous envoie un *template*, n'hésitez pas à me contacter depuis mon blog <u>candix.fr</u>.

2) Chaque soir, notez sur une feuille ou sur un Post-it® la liste de tâches UI (urgentes et importantes) à réaliser le lendemain. Faites de même le dimanche soir pour la semaine à venir.

3) De temps en temps (une fois tous les deux à trois mois), demandez-vous comment améliorer votre emploi du temps pour qu'il réponde au mieux à vos besoins. À force d'améliorer votre planning et votre gestion du temps (le fameux Kaizen, voir truc n° 6 : visez l'amélioration continue), vous parviendrez à accomplir davantage de choses que vous n'auriez jamais imaginé.

TRUC N° 8 :
LA RÈGLE DES 3 MINUTES

Comme indiqué précédemment, disposer d'un planning vous permet d'être plus efficace au quotidien.

<u>Seule exception</u> : vous avez une petite tâche imprévue qui nécessite moins de 3 minutes pour être réalisée ? Inutile de la noter dans votre agenda : accomplissez cette tâche sans plus attendre. En effet, noter cette tâche dans votre « *to do list* » et devoir y repenser par la suite est plus « chronophage » que de réaliser cette tâche sur le champ.

Action à réaliser

1) Vous avez une tâche à réaliser ? Estimez combien de temps prendra la réalisation de cette tâche. Si la durée est inférieure ou égale à 3 minutes, ne la notez pas dans votre *« to do list »*. Réalisez-la dans l'instant... ou jamais !

TRUC N° 9 :
TRANSFORMEZ VOS RÊVES EN RÉALITÉ

« Tout le monde savait que c'était impossible à faire.
Puis un jour quelqu'un est arrivé qui ne le savait pas,
et il l'a fait. »

Winston Churchill

Beaucoup de personnes ont des rêves : faire un tour du monde, monter sa boîte, se lancer dans l'humanitaire... Et vous ?

Malheureusement, peu de gens passent à l'action. Pourquoi ?

Les (fausses) bonnes raisons d'abandonner votre projet en cours de route ne manquent pas :

- Peur de sortir de votre zone de confort.

- Impression de devoir franchir une montagne infranchissable.

- Manque de confiance en vous : vous pensez inconsciemment que vous ne méritez pas de vivre votre rêve. Pourquoi vous et pas quelqu'un d'autre ?

N'est-ce pas dommage de passer à côté de vos rêves ? Pour ne plus procrastiner et faire de vos rêves votre réalité, il existe pourtant une méthode simple : **la méthode du saucisson.**

La méthode du saucisson : c'est quoi ?

Le saucisson est une viande difficile à mâcher. Pour pouvoir le déguster et le digérer facilement, il faut le découper en tranches fines. En matière de projets, c'est la même chose. Vous avez un rêve ou un gros projet en tête ?

1) Transformez votre rêve en projet. Définissez le périmètre de votre projet, quel est l'objectif, quels sont les moyens matériels nécessaires à sa bonne réalisation...

2) Transformez votre projet en plusieurs sous-projets faciles à atteindre. Par exemple « lire un livre de 200 pages » devient « faire 10 sessions de lecture de 20 pages ».

3) Créez un planning sur plusieurs semaines ou plusieurs mois (selon l'ampleur de la tâche) pour vous permettre d'atteindre pas à pas vos objectifs, suivant la philosophie du Kaizen (voir truc n° 6).

Laissez-moi vous donner un exemple concret :

Comment réaliser un tour du monde ?

Vous avez envie de faire un tour du monde ? Vous souhaitez ne pas abandonner votre projet en cours de route ? Suivez le guide.

Étape n° 1 : Transformez votre rêve en un projet global avec des indicateurs chiffrés.

Quand avant vous disiez « j'aimerai tant avoir la chance de faire un tour du monde » (comme si faire un tour du monde relevait de la chance), dites plutôt quelque chose du genre « j'aimerai effectuer un tour du monde de 12 mois d'ici mes 30 ans au plus tard ».

Donnez-vous des objectifs chiffrés. Fixez-vous une date butoir. Cela vous poussera à l'action et limitera votre tendance à procrastiner.

Étape n° 2 : Une fois votre rêve « transformé » en objectif, demandez-vous quels sont les paramètres à prendre en compte pour atteindre votre objectif :

Dans l'exemple du tour du monde, demandez-vous où aller ? Quels sont les vaccins à faire ? Combien ça coûte ? Découpez la tâche importante « effectuer un tour du monde de douze mois avant mon 30ème anniversaire » en sous-objectifs que vous intègrerez dans votre planning hebdomadaire. Cela vous permettra de préparer votre projet petit à petit suivant l'adage de Lao-Tseu : « un voyage de mille lieues commence toujours par un premier pas ».

Étape n° 3 : Identifiez des leviers à actionner pour atteindre votre objectif.

Un tour du monde d'un an de type « routard » coûte en moyenne 15 000 euros par personne. C'est une somme qui, sans être hors de prix (ce n'est jamais « que » le prix d'une petite voiture neuve) peut en rebuter plus d'un(e). Plutôt que de vous démotiver, soyez créatif(ve). Identifiez le ou les moyen(s) à votre disposition pour financer votre rêve.

Par exemple, vous n'avez aucune épargne et vous souhaitez effectuer un tour du monde à 15 000€ d'ici trois ans ? Il vous faudra épargner 417 € par mois (15000€/36 mois) pour boucler votre budget. Une somme conséquente qui pourra en décourager plus d'un(e).

Pourtant, en analysant la question du financement, on constate qu'il existe d'autres moyens de financement que l'épargne. Il est possible de partir même si vous ne pouvez pas épargner les quinze mille euros initialement prévus. Vous pouvez par exemple :

1) Travailler en voyageant : Dans certains pays (comme en Australie, au Canada, au Mexique ou au Japon), vous avez le droit, sous certaines conditions, de travailler en tant que touriste grâce au visa vacances-travail (Working Holiday Visa).

Ainsi, j'ai un ami qui est parti faire un tour de l'Australie de six mois avec 5000 euros en poche. Une fois son van d'occasion acheté, il ne lui restait plus que 2000 euros. Il a commencé son voyage. Dès que l'argent commençait à manquer, il s'arrêtait dans des fermes pour cueillir des fruits. Un travail très demandant, mais permettant de gagner 18 à 20 dollars de l'heure. Moyennent de grosses journées, il parvenait à gagner plus de 200 dollars par jour... Une fois qu'il avait économisé suffisamment d'argent, il repartait et continuait son voyage...

2) Travailler à distance : grâce à Internet, il est désormais possible de télétravailler depuis n'importe où dans le monde, du moment que vous disposez d'une bonne connexion à Internet.

À titre personnel, à la suite de mes études, je me suis lancé en tant qu'autoentrepreneur dans la création et l'édition de sites Internet. Cette activité ne nécessite qu'un ordinateur portable, quelques logiciels et une bonne connexion à Internet. Grâce à mon activité, je suis parti avec 1000 euros en poche vivre (et voyager) près de deux ans en Asie, finançant mon style de vie en travaillant à distance pour mes client(e)s. Dans la même veine, je connais un professeur d'espagnol qui vit confortablement en Amérique latine, donnant des cours à distance à des élèves français via Skype...

3) Faire de votre voyage un travail, en devenant par exemple guide touristique, moniteur de plongée ou éditeur de guides de voyages...

Une amie est devenue professeure de plongée. En fonction des saisons, elle travaille (et vit) aux îles Maldives, en Thaïlande ou en Égypte. Certes, elle gagne beaucoup moins bien sa vie que du temps où elle était cadre en entreprise. Mais grâce à sa profession, elle peut vivre à longueur d'année dans des endroits paradisiaques.

4) Sponsoring : vous effectuez un voyage humanitaire ? Vous savez vous vendre — via un blog populaire par exemple ? Les sponsors et autres régies publicitaires peuvent vous rapporter de quoi financer une partie de votre voyage.

5) Revenu du capital : Si vous êtes propriétaire d'un logement, pourquoi ne pas le louer pendant votre absence ? Ainsi, le loyer touché mois après mois pourra vous permettre de voyager plus longtemps.

De nombreux autres moyens existent pour financer votre projet. Vous pouvez notamment :

- **Revendre du capital :** vous pouvez revendre votre voiture, de vieux objets inutilisés, etc.

- **Faire un emprunt** auprès de votre famille ou auprès d'une banque.

- **Choisir des pays où le coût de la vie est bas.** Ainsi, selon planificateur.a-contresens.net, en 2018, il faut compter 75 € par personne et par jour au Japon contre 27 € seulement en Inde, soit 48 € en moins. En « troquant » trois semaines de voyage au Japon pour trois semaines en Inde, vous économiserez : 48€*21 jours = 1 008 € !

À retenir

Le but de cette partie n'est pas de vous expliquer comment financer un tour du monde. Le but, c'est de vous montrer que tout projet, aussi ambitieux soit-il (faire un tour du monde, créer une entreprise, faire du sport…), <u>peut</u> être réalisable.

Quel que soit votre projet, il existe <u>toujours</u> différents moyens de le mener à bien. Si les moyens conventionnels ne fonctionnent pas, empruntez un chemin de traverse. Dans l'exemple précédent, si vous n'arrivez pas à économiser suffisamment d'argent, trouvez des moyens alternatifs (travailler en voyageant, donner des cours par Skype, etc.) pour vivre votre rêve malgré tout.

<u>Attention</u> : je ne dis pas que réaliser un projet est facile. Peut-être avez-vous des contraintes personnelles : des problèmes de santé, un emprunt immobilier à rembourser ou encore une charge de famille… Mais une chose est certaine : en changeant votre état d'esprit, vous parviendrez à accomplir des choses dont vous ne vous seriez pas cru capable de faire auparavant.

Actions à réaliser

1) Retrouvez votre âme d'enfant. Réfléchissez à votre rêve le plus important. Vous savez : la chose que vous aimeriez bien faire depuis tant d'années, qui vous donnerai presque la larme à l'œil rien que d'y penser, mais que vous ne faites pas à cause des obligations de la vie et de votre… procrastination.

2) Transformez votre rêve en projet. Découpez votre projet en sous-projets. Identifiez quelques actions faciles et rapides à mettre en place.

3) Développez vos compétences en gestion de projet : apprenez à quantifier les différentes tâches nécessaires à mener et identifiez les différents leviers à votre disposition pour parvenir à vos fins...

Pour définir le périmètre d'un projet et pour le « quantifier », posez-vous les questions que se posent les journalistes à savoir : Quoi, Qui, Où, Quand, Comment, Combien, Pourquoi. Écrivez les réponses à ces questions sur une feuille que vous garderez précieusement en guise de « feuille de route ».

4) Créez des outils de suivi (un planning, un journal de bord...) à la manière d'un(e) scientifique notant tout méthodiquement sur un carnet. Cela vous permettra de suivre l'avancement de votre projet.

5) Passez à l'action. Réalisez votre première action concrète d'ici la fin du mois.

6) Adoptez une démarche positive. Chaque échec est l'occasion de faire mieux. Comme le disait Nelson Mandela : « Je ne perds jamais. Soit je gagne, soit j'apprends ». Au lieu de vous dire « ce n'est pas possible » dites plutôt « comment faire ». Vous avez envie de ne plus procrastiner ? Voici quelques exemples de phrases à dire et à ne pas dire :

Vocabulaire pour procrastiner	Vocabulaire pour ne plus procrastiner
C'est impossible	Comment faire ?
Ce n'est pas fait pour moi	Pourquoi pas
Je ne sais pas comment faire	Essayons et voyons ce que ça donne
Je le ferai plus tard quand j'aurai le temps	Je commence à partir du mois de mai à raison d'une heure par semaine
C'est trop dur	— Avançons étape par étape — Existe-t-il un autre moyen d'atteindre mon objectif ?
Je ne sais pas comment faire	— Cherchons un tutoriel sur Internet — Tiens, j'appellerais bien Marc pour lui demander quelques conseils...
J'ai peur, je n'ose pas	Dans le pire des cas, je peux toujours...
Que vont en penser les autres ?	Les chiens aboient, la caravane passe.

Le mot de la fin

La vie n'est <u>pas</u> un long fleuve tranquille. Persévérez jusqu'à atteindre votre rêve même si votre chemin est parsemé d'embûches. Chaque échec est l'occasion d'apprendre et de faire mieux la fois d'après. Comme le dit un proverbe japonais : « le succès, c'est tomber sept fois, se relever huit ».

Le saviez-vous ? En moyenne, un bébé tomberait 2000 fois avant de réussir à marcher. S'il pensait comme un adulte, il se serait découragé depuis longtemps en se disant « la marche, c'est trop dur. Ce n'est pas fait pour moi, tant pis, je laisse tomber ». Heureusement, un bébé ne pense pas comme ça. Le bébé ne se pose pas de questions. Il continue d'essayer. À chaque fois qu'il tombe, le bébé retient que sa méthode n'était pas la bonne et il va légèrement changer son approche. Avec le temps, bébé gagne en expérience. Ses jambes se musclent. Ce qui lui semblait impossible hier devient sa nouvelle réalité : il peut marcher !

Cessez de vous poser des questions. Cessez de suranalyser les choses. Il n'existe pas de moment idéal pour vous lancer. Passez à l'action dès que vous vous estimez prêt à 90 %, suivant la philosophie du Kaizen.

De deux choses :

- Soit votre rêve se concrétise. Tant mieux.

- Soit votre rêve ne se concrétise pas (ou différemment de ce que vous aviez initialement imaginé). Ce n'est pas grave.

Comme le dit l'adage, « mieux vaut vivre avec des remords qu'avec des regrets ». Mieux vaut tenter votre chance que de ne rien faire. En chemin, vous aurez appris de vos erreurs et gagné en expérience. Vous pourrez toujours faire mieux la prochaine fois.

Enfin, comme l'a souligné Robert Louis Stevenson : « L'important, ce n'est pas la destination, mais le voyage en lui-même ».

TRUC N° 10 :
CHOISISSEZ BIEN VOS AMI(E)S

« Vous êtes la moyenne des cinq personnes que vous fréquentez le plus »

Jim Rohn, coach en développement personnel

Votre vision du monde découle directement de votre quotidien et des gens que vous fréquentez le plus. Si vous fréquentez des personnes ambitieuses, cela rejaillira sur vos objectifs et votre motivation — car vous savez que le succès est possible. Vous avez des modèles sur qui vous pouvez vous identifier.

À l'inverse, si vous fréquentez des personnes peu ambitieuses, vous reverrez sans doute vos ambitions à la baisse et vous procrastinerez davantage. Vous ne me croyez pas ? Il y a pourtant deux bonnes raisons à cela :

1. L'attirance des semblables

« Qui se ressemble s'assemble ». On a naturellement tendance à rechercher la compagnie de personnes ayant des aspirations similaires aux siennes. Vous êtes donc logiquement assez proches des personnes que vous fréquentez le plus, d'un point de vue intellectuel et au niveau de votre mode de vie.

2. La vision du monde

Dans les familles aisées et cosmopolites, les enfants ont accès à un réseau et à des connaissances utiles pour savoir quelle filière scolaire est la « mieux », quel est le meilleur lycée de la ville… Ils ont également des modèles de réussite autour d'eux (papa avocat, ami(e) ingénieur(e), tante médecin) sur lesquels ils peuvent s'identifier.

À l'inverse, dans certaines familles, les enfants vivent à plusieurs par chambre : pas facile d'étudier dans ces conditions, avec le bruit et le manque d'espace. Ils n'ont pas accès aux informations utiles : quel est le meilleur lycée de la ville ? Quelle stratégie adopter pour y être admis ? En cas de difficultés, ils n'ont pas recours au soutien scolaire. Ils n'ont pas ou peu de modèles de réussite sociale autour d'eux.

À intelligence égale, devinez quel enfant a le plus de chance de réussite ?

L'influence de l'entourage

Votre personnalité, votre niveau de vie, votre motivation au quotidien et votre capacité à passer à l'action pour mener à bien vos projets ne dépendent pas seulement de vos gènes ou de l'éducation que vous avez reçue lorsque vous étiez enfant. Cela dépend avant tout des personnes que vous fréquentez le plus.

Savoir bien s'entourer est très important. Ce n'est d'ailleurs pas pour rien si l'on dit « mieux vaut être seul(e) que mal accompagné(e) ». Vous êtes du genre « procrastinateur » ? Vous souhaitez passer à l'action ? Même si vous suivez l'ensemble des conseils de ce livre, cela ne servira à rien si vous êtes entouré(e) de procrastinateurs... Pour cette raison :

- Mettez un peu de distance avec Mr Yaka et Madame Faucon. Vous savez, tous ces gens qui parlent beaucoup, qui râlent tout le temps, qui refont le monde, mais ne font rien de concret.

- Limitez vos fréquentations avec les gens pessimistes qui dégagent des « ondes négatives ».

- Fréquentez des gens ambitieux, qui sauront vous conseiller en tant que « mentor » ou émuler votre ambition.

- Fréquentez davantage de gens optimistes, qui croient en vous et qui vivent dans l'action.

Vivre dans un environnement propice et être bien entouré(e) est le meilleur moyen pour trouver la confiance et l'énergie nécessaires pour passer à l'action.

Bref, pour ne plus procrastiner, fréquentez des personnes qui sauront vous tirer vers le haut plutôt que des gens dont le pessimisme rabaissera vos ambitions et vous incitera à l'inaction…

Actions à réaliser

1) Posez-vous la question « Quelles sont les cinq personnes avec qui je passe le plus de temps » ?

2) Pour chacune de ces cinq personnes, demandez-vous quel est son trait de personnalité majeur ?

3) Fréquentez moins les éternels « Calimero » qui aiment se lamenter sur leur « triste » sort. Fréquentez davantage les personnes optimistes et ambitieuses.

N.B : Je ne dis pas qu'il faut abandonner vos ami(e)s qui vont mal en coupant les ponts avec eux/elles. En revanche, il est clair qu'il faut d'abord prendre soin de vous avant de prendre soin des autres — on ne peut pas sauver le monde tout(e) seul(e). Tentez de trouver le juste milieu entre les personnes qui vous inspirent et les autres.

TRUC N° 11 :
PARTAGEZ VOS OBJECTIFS
AVEC VOS AMI(E)S

Vous avez un « grand » objectif qui vous tient à cœur ? Partagez-le avec vos proches qui sont sur la même longueur d'onde que vous. Partager vos objectifs avec vos proches a deux intérêts :

1) Vous vous sentirez soutenu(e) par vos proches. Ils pourront également vous donner des conseils pour réussir votre projet.

2) Dire à vos proches « D'ici un mois, je finis… » vous aidera à passer à l'action. En effet, si vous voulez rester crédible auprès de vos proches, vous devrez réaliser les objectifs que vous vous êtes fixés…

Toutefois, choisissez bien vos ami(e)s (voir truc n° 10). Il serait dommage que le cynisme ou le pessimisme de vos ami(e)s rejaillissent sur votre motivation et votre capacité à passer à l'action.

Actions à réaliser

1) Cherchez un rêve important que vous souhaitez réaliser d'ici un ou deux ans <u>au maximum</u>. Par exemple le rêve du truc n° 9 « transformez vos rêves en réalité ».

2) D'ici la fin du mois, invitez trois ami(e)s (de nature enthousiaste, en qui vous avez une totale confiance) à boire un verre ou à manger au restaurant.

3) Lorsque vous les rencontrerez, faites-leur part de votre projet.

TRUC N° 12 :
CHOISISSEZ UN(E) AMI(E) D'OBJECTIF

« Ce qui importe, c'est de travailler avec quelques rares bons amis, [...] dont vous savez que, si les choses tournaient mal, vous vous tiendriez les coudes. »

Richard Branson

Même en partageant avec vos ami(e)s les objectifs qui vous tiennent à cœur, il est souvent difficile de « tenir » sur la durée. Ainsi, seuls 8 % des bonnes résolutions qu'on se fixe au début de la nouvelle année sont tenues. Pour ne pas procrastiner ou abandonner vos projets en cours de route, cherchez un(e) ami(e) ou un(e) partenaire d'objectif.

Ainsi, lorsque je vivais en Chine, je voulais faire du sport. Mais je n'arrivais pas à me motiver à aller à la salle de sport. Mon colocataire était dans la même situation que moi. En discutant avec lui, nous nous sommes fixé l'objectif d'aller ensemble à la salle deux à trois fois par semaine. Cette stratégie fut efficace. Par exemple si le mardi, mon colocataire était motivé et pas moi, il arrivait à trouver les mots justes pour me motiver afin que j'aille à la salle de sport avec lui. Sans lui, je n'y serai pas allé. Si le vendredi, c'était moi qui étais motivé et pas mon colocataire, je le motivais à venir à la salle avec moi. Au final, en ayant un ami d'objectif, on n'a jamais abandonné la salle. On a fait davantage de sport que si on y allait par soi-même.

Les bénéfices des ami(e)s d'objectif

Voici quelques bénéfices qu'apporte un(e) ami(e) d'objectif :

1) **De la motivation :** Il est plus facile de se motiver à faire quelque chose (cuisiner, travailler...) pour quelqu'un d'autre que pour soi-même. Avoir un(e) ami(e) d'objectif permet de conserver votre motivation. Si vous avez un coup de mou, votre compagnon saura vous remotiver. Ainsi, vous n'abandonnerez pas en cours de route.

2) **Passer du bon temps :** vous souhaitez faire du sport ? En faire seul(e) n'est pas toujours amusant. En faire à deux est plus agréable.

3) De l'émulation : Avoir un(e) ami(e) d'objectif permet de créer un peu d'émulation bénéfique à chacun. Dans mon cas, je ne voulais pas me faire distancer et mon colocataire non plus. Du coup, le fait que mon colocataire fasse du sport me motivait à en faire. Et réciproquement.

Avoir un(e) ami(e) d'objectif permet de passer plus facilement à l'action. C'est sur ce principe que sont basés de nombreux programmes d'amélioration de soi. Avec *Weight Watchers* par exemple, les personnes qui font un régime peuvent se rencontrer pour s'apporter conseils, soutien, entraide et motivation.

À retenir

Vous souhaitez moins procrastiner ? Le plus dur, ce n'est pas de passer à l'action. C'est de persévérer dans le temps jusqu'à atteindre vos objectifs. Avoir un(e) « ami(e) d'objectif » est l'un des meilleurs moyens d'éviter que votre motivation ne s'érode avec le temps.

Actions à réaliser

1) Recherchez un(e) ou plusieurs ami(es) et/ou mentor(s) qui sont sur la même longueur d'onde que vous et qui partagent un objectif commun avec vous. Restez en contact avec eux/elles.

2) Recherchez deux ou trois blogs abordant les problématiques auxquelles vous êtes confronté. Participez aux discussions sur ces blogs. Cela vous permettra de rentrer en contact avec une communauté avec laquelle vous pourrez échanger conseils, entraide et soutien.

TRUC N° 13 :
PAYEZ POUR PASSER À L'ACTION

Savez-vous pourquoi les fondations Emmaüs vendent des objets à prix modeste plutôt que de les donner ? Pourquoi certaines épiceries sociales vendent de la nourriture à prix bas plutôt que de la donner ? Tout simplement, car **on ne respecte que ce que l'on paie**. Payer, même un prix modeste, donne de la valeur et incite à faire attention à l'objet ou au service acheté…

Quels que soient les domaines de la vie, c'est la même chose. Payer est un excellent moyen de passer à l'action.

À titre personnel, j'apprends l'espagnol. Chaque semaine, une professeure particulière vient me donner un cours particulier qui m'est facturé 50 €. Le fait de payer (et d'avoir un rendez-vous avec un être humain en chair et en os) me motive à davantage parler espagnol et à faire mes devoirs. En effet, je souhaite « rentabiliser » mon investissement en temps et en argent ; et je ne souhaite pas décevoir ma professeure.

Par exemple, vous voulez faire du sport et vous n'arrivez pas à vous motiver ? Inscrivez-vous à la salle de gym la plus proche de chez vous.

Payer un abonnement mensuel vous incitera peut-être à faire du sport, ne serait-ce que pour rentabiliser le prix de votre abonnement. Si cela ne suffit pas à vous motiver, peut-être pouvez-vous vous inscrire à des cours collectifs ou faire appel à un(e) coach privé(e).

Bien sûr, on connaît tous des gens abonnés à une salle de sport qui n'y vont jamais. Mais une chose est sûre : vous aurez beaucoup plus de chances de faire du sport si vous payez un abonnement (truc n° 13), si vous avez un(e) ami(e) d'objectif (truc n° 12) et si vous avez intégré le sport dans votre routine quotidienne en allouant plusieurs créneaux horaires « salle de sport » dans votre emploi du temps (truc n° 7) que si vous comptez sur votre seule bonne volonté pour passer à l'action.

Actions à réaliser :

1) Définissez un objectif que vous souhaitez réaliser et que vous remettez au lendemain depuis trop longtemps.

2) Achetez un objet ou un service de préférence cher ou impliquant un paiement récurrent de type abonnement. Cet objet doit être susceptible de vous aider à atteindre votre objectif.

Par exemple, vous voulez vous mettre au footing ? Achetez une belle paire de *running* haut de gamme. Comme vos chaussures sont belles et confortables, vous aurez envie de les porter. Comme elles ont coûté cher, vous aurez peut-être envie de les « rentabiliser » en courant régulièrement.

TRUC N° 14 :
LA MÉTHODE DU BÂTON ET DE LA CAROTTE

La méthode du « bâton et de la carotte » est un excellent moyen de moins procrastiner. Voici en quoi cela consiste :

Étape n° 1 : Déterminez quels bénéfices vous pouvez retirer si vous atteignez vos objectifs ainsi que les conséquences négatives si vous ne passez pas à l'action.

Par exemple vous fumez un paquet de cigarettes tous les deux jours ? Arrêter de fumer vous aidera à économiser 120 € par mois, soit 1 440 € par an.

Ne pas arrêter de fumer nuira à vos performances sportives et pourra vous causer un cancer, à vous ou à votre entourage (tabagisme passif).

Étape n° 2 : Fixez-vous une carotte (si vous réussissez) <u>et</u> un bâton (si vous échouez)

Le bâton : vous n'arrivez pas à arrêter de fumer ? Vous pouvez par exemple vous « forcer » à donner un euro à un SDF ou mettre un euro dans un cochon-tirelire (=cagnotte) chaque fois que vous allumez une cigarette.

La carotte : vous atteignez votre objectif même partiellement ? Offrez-vous un cadeau grâce à l'argent de la cagnotte. Par exemple :

- Un repas au restaurant si vous n'avez fumé « que » un paquet au cours de la dernière semaine (au lieu des trois paquets habituels).

- Un voyage — par exemple un week-end en amoureux à Venise — si vous avez tenu un objectif plus difficile à atteindre, comme un mois sans fumer.

Même si votre week-end vous coûte 1000 €, vous serez largement gagnant au bout d'un an, d'un point de vue financier comme au niveau de votre santé.

Action à réaliser

La cagnotte vous permet de transformer une contrainte en un jeu/challenge. Elle vous apportera peut-être la motivation nécessaire pour mener à bien vos projets. Pour cette raison :

1) Équipez-vous aujourd'hui d'une verrine, d'une tirelire ou d'un pot de confiture (barrez la mention inutile). Placez une somme d'argent <u>déterminée à l'avance</u> (par exemple 2 €) chaque fois que vous n'aurez pas réalisé quelque chose que vous vous étiez engagé à faire.

Par exemple, vous vous êtes fixé l'objectif d'aller à la piscine le lundi, le mercredi et le samedi ? Mettez 2 € dans votre boîte le soir même où vous avez « sauté » votre séance. Vous pouvez mettre plus ou moins (en fonction de votre budget), mais faites-le. Rappelez-vous le truc n° 13 : on ne respecte que ce que l'on paie…

Deux issues sont possibles :

- Soit vous parvenez à atteindre votre objectif global à 100 %. Bravo.

- Soit vous ne parvenez <u>pas</u> à atteindre à 100 % votre objectif. Bravo.

Sans doute avez-vous atteint un certain nombre d'objectifs intermédiaires (Kaizen, voir truc n° 6). C'est déjà très bien, ne soyez pas trop dur(e) avec vous-même.

2) Lorsque vous êtes fier(e) de ce que vous avez accompli, n'hésitez pas à utiliser une partie de l'argent de votre cagnotte pour vous faire plaisir et célébrer le chemin parcouru avec les gens qui vous sont chers.

TRUC N° 15 :
CULTIVEZ VOTRE OPTIMISME

« Si le problème a une solution, il ne sert à rien de s'inquiéter. Mais s'il n'y a pas de solution, s'inquiéter ne changera rien. »

Bouddha

La peur de l'échec est l'un des principaux moteurs de la procrastination. Il est confortable de repousser l'échéance « au lendemain » pour rester dans sa zone de confort et ainsi éviter d'affronter un possible échec...

Pour moins procrastiner, essayez de retrouver confiance en vous. Voyez le monde du bon côté. Bref, soyez un brin plus optimiste.

Comment voir le monde du bon côté ?

Je le sais bien, le monde est difficile : « crise économique ici, réchauffement climatique par là ». Mais le pessimisme ne sert à rien si ce n'est à catalyser l'inaction et la frustration. <u>Il ne sert à rien d'être pessimiste.</u> Après tout :

- Soit les choses se passent bien. Votre pessimisme aura été inutile.

- Soit les choses se passent mal. Dans ce cas, ce n'est pas de pessimisme dont vous avez besoin, mais d'optimisme pour trouver la motivation et l'énergie nécessaires pour passer à l'action et redresser la barre.

Certes, il n'existe pas de solution miracle et universelle pour devenir optimiste. La chimie du cerveau est extrêmement complexe. Par ailleurs, chacun(e) dispose d'une histoire de vie, d'une éducation et d'une vision du monde qui lui est propre. Il est donc extrêmement difficile de « changer » de personnalité. Ceci étant, je suis persuadé qu'en agissant sur votre environnement, il est possible de retrouver petit à petit un peu d'optimisme et de confiance en vous. Suffisamment, je l'espère, pour surmonter votre peur de l'échec et vous permettre de passer à l'action.

Voici quelques pistes de réflexion pour cultiver l'optimisme qui est en vous :

Piste de réflexion n° 1 : Commencez par quelque chose que vous aimez…

Lorsque vous avez plusieurs tâches à effectuer, commencer par la « meilleure » d'entre elles peut être une bonne stratégie. En effet, il est facile de faire quelque chose que l'on aime. L'appétit vient en mangeant. La réalisation de votre premier objectif vous donnera peut-être l'énergie et la motivation nécessaires pour vous « attaquer » à de plus gros défis.

Piste de réflexion n° 2 : Commencez par la tâche la plus difficile…

Vous pouvez commencer par le meilleur… ou par le pire. En effet, réaliser une tâche difficile ou une tâche que vous n'aimez pas est souvent plus facile en début de journée (quand vous avez de l'énergie à revendre) que le soir (après une journée de fatigue).

Par ailleurs, commencer par les tâches les plus difficiles signifie que plus vous avancerez dans la journée, plus vos tâches restantes seront plaisantes et faciles à effectuer. Un bon point pour ne pas stresser et rester motivé(e) tout au long de la journée.

Piste de réflexion n° 3 : Changez votre point de vue

Rien dans la vie n'est bien ou mal : tout est question de point de vue.

> *Une grosse pluie est un évènement négatif pour le touriste souhaitant se reposer sur la plage. C'est une excellente nouvelle pour l'agriculteur inquiet pour ses plantations après une sécheresse de trois semaines.*

Un même évènement peut être interprété de différentes manières. Prenons l'exemple de Léo, qui vient de perdre son emploi.

- Léo peut se replier sur lui-même et sombrer dans la dépression.

- Léo peut saisir l'« occasion » pour faire ce qu'il n'avait pas fait jusqu'ici par manque de temps. Il peut apprendre une langue étrangère ou pratiquer un nouveau sport ; se remettre à la cuisine ou passer plus de temps avec sa famille.

En l'occurrence, Léo n'aimait pas son travail qu'il jugeait monotone. Il peut « profiter » de la période de chômage pour suivre une formation à distance afin de changer de métier.

Finalement, la perte d'emploi peut être positive : si Léo n'avait pas été au chômage, il n'aurait pas changé de métier et ferait encore le boulot qu'il détestait tant...

La vie est un verre d'eau à moitié rempli. Aucune solution n'est parfaite. Tout est affaire d'interprétation, de point de vue et de compromis.

Voyez le bon côté des choses plutôt que le mauvais au risque de sombrer dans le pessimisme ou le cynisme. Mettez en avant les aspects positifs et minimisez les parties négatives de votre vie. Par exemple, vous trouvez que vous n'êtes pas assez payé(e) dans votre travail ? Si l'ambiance au travail est cordiale, que vous avez un boulot qui vous intéresse la majeure partie du temps et qui n'est pas trop usant, au final, votre travail est plutôt sympa vous ne trouvez pas ?

Transformez vos problèmes en challenge. Si la faiblesse du nombre indiqué en bas de votre fiche de paie vous stresse, rien ne sert de sombrer dans l'aigreur. Relevez le « challenge ». Demandez-vous quels leviers vous pouvez actionner (suivre une formation, demander à votre responsable de nouvelles responsabilités, chercher un nouvel emploi...) pour remédier à la situation et évoluer dans votre carrière !

Piste de réflexion n° 4 : Imaginez le pire

La peur de l'inconnu peut engendrer l'inaction. En effet, il est plus facile de « ne rien faire » que de prendre le risque de sortir de votre zone de confort. Vous souhaitez passer à l'action ? Imaginez le pire qui puisse vous arriver et adaptez votre action en conséquence. Souvent le pire est moins pire que ce que vous aviez imaginé.

Prenons l'exemple de Guillaume, célibataire. Il sort dans un bar avec des ami(e)s. Il aimerait bien séduire la belle brune en face de lui. Il n'ose pas. Il se dit : « je bois un autre verre et je vais lui parler ». Bref, il procrastine toute la soirée et au final, rien ne se passe.

Analysons froidement la situation : quelle est la pire chose qui puisse arriver à Guillaume en allant parler à la fille ? Dans le pire des cas, Guillaume essuiera un refus. Ce n'est pas agréable ni bon pour l'ego, mais cela n'a jamais tué personne. Dans le meilleur des cas, parler à la fille aboutira au début d'une belle histoire.

Au risque d'être un brin cynique, le bénéfice potentiel du passage à l'action (parler à la fille) est très important. Le coût de la perte potentielle (se prendre un râteau) est relativement faible. Dès lors, pourquoi ne pas tenter sa chance ?

Piste de réflexion n° 5 : Lâchez prise

« Le sort en est jeté »
Jules César

Même en étant la personne la plus intelligente et la plus besogneuse du monde, vous ne pouvez pas contrôler l'ensemble de votre vie et de votre monde. De nombreuses choses ne dépendent pas de vous. Ne tombez pas dans l'illusion que vous devez « tout contrôler » pour passer à l'action.

Apprenez à lâcher prise. Lorsque vous avez un projet à réaliser, donnez le meilleur de vous en votre âme et conscience et... lâchez prise. Si tout se passe comme prévu, tant mieux. Si tout ne se passe pas comme prévu, ce n'est pas grave : ce sera l'occasion d'apprendre et de faire mieux la prochaine fois.

Ne vous préoccupez pas de ce que les autres diront de vous ni de ce qui adviendra une fois que vous serez passé à l'action. Acceptez la réalité telle qu'elle se présente. Rappelez-vous : le pire est souvent moins pire que ce que vous imaginez. Aucun évènement n'est positif ou négatif en soi.

Regardez les enfants : pourquoi sont-ils si enjoués et naturellement heureux ?

La réponse est simple : les enfants ne se posent pas dix milliards de questions. Ils vivent l'instant présent tel qu'il est.

Écoutez l'âme d'enfant qui est en vous. Apprenez pas à pas à lâcher prise. Accepter de lâcher prise vous aidera à moins procrastiner, car passer à l'action est moins difficile si vous ne craignez pas l'échec.

À retenir

Pour passer à l'action, cultivez votre optimisme. Pour cela, commencez la journée en réalisant quelque chose que vous aimez bien faire (si vous avez du mal à vous motiver) ou quelque chose de difficile (si vous avez de l'énergie à revendre le matin).

Lorsque vous avez peur de réaliser quelque chose, rappelez-vous qu'un évènement n'est en soi ni positif ni négatif. Regardez votre projet sous un angle nouveau pour trouver le courage de passer à l'action.

Si cela n'est toujours pas suffisant, imaginez le pire résultat qui puisse découler de votre action. Agissez en conséquence, tout en apprenant à lâcher prise !

BONUS

Avant de conclure cet ouvrage, voici quelques réflexions que j'ai tenu à partager avec vous afin de vous aider à moins procrastiner au quotidien. J'espère qu'elles vous plairont et vous aideront à passer à l'action. N'hésitez pas à me contacter depuis mon blog <u>candix.fr</u> pour me faire part de vos remarques et me dire ce que vous en avez pensé !

Réflexion n° 1 : Devenez SMART

Rien de plus facile que de procrastiner si vos objectifs sont vagues. Pour cette raison, prenez l'habitude de transformer vos objectifs pour les rendre SMART (=intelligent en anglais). Vos objectifs doivent être :

- **S**pécifiques
- **M**esurables
- **A**tteignables
- **R**éalistes
- **T**emporellement définis

Vous voulez apprendre une nouvelle langue : l'anglais par exemple ? Ne dites pas « la semaine prochaine, il faut que je commence à apprendre l'anglais pour évoluer dans mon métier ». Cet objectif est voué à l'échec, car :

- Il est différé dans le temps : la semaine prochaine
- Il est impersonnel : « il faut », il c'est qui ?
- Il est très vague : par quels moyens vais-je apprendre l'anglais ? À quel rythme ? Comment évaluer mes progrès ?

Précisez votre projet. Quantifiez-le. Utilisez le pronom « je » plutôt qu'« il », « maintenant » plutôt que « plus tard ». Vous pouvez par exemple dire à la place quelque chose dans le genre :

« Nous sommes le 11 avril. Je souhaite apprendre dès aujourd'hui l'anglais et atteindre un niveau B2 pour évoluer professionnellement. Je me donne un an pour progresser. Afin d'atteindre mon objectif, je vais passer 10 minutes chaque matin du lundi au vendredi sur l'application MosaLingua et suivre deux heures de cours deux fois par semaine. Je regarderai au moins un film en VO chaque semaine ».

Vous avez utilisé des verbes actifs et le pronom « je ». Surtout, votre objectif est SMART. Il est :

Spécifique	Vous avez listé de façon précise les différents leviers (cours, application, film) à actionner pour atteindre votre objectif.
Mesurable	L'application mesure votre temps d'apprentissage. Il est facile de savoir si vous allez en cours ou pas.
Atteignable	Vous avez quantifié l'objectif (B2).
Réaliste	Sans être pharaoniques, les moyens mis en œuvre sont suffisamment conséquents pour pouvoir espérer atteindre votre objectif.
Temporellement défini	Vous avez indiqué une date de début (11 avril) et une date de fin (11 avril de l'année suivante).

En vous fixant des objectifs SMART et en utilisant les différents leviers présentés précédemment dans cet ouvrage (création d'un planning avec des créneaux horaires consacrés à votre objectif, avoir un(e) ami(e) d'objectif, vous fixer des petits objectifs intermédiaires suivant le Kaizen, avoir une cagnotte pour vous récompenser de temps à autre), vous maximisez vos chances de passer à l'action et d'atteindre vos objectifs.

Action à réaliser

Désormais, à chaque fois que vous souhaitez faire quelque chose, fixez-vous des objectifs SMART. À savoir des objectifs spécifiques, facilement mesurables, atteignables, réalistes et temporellement définis dans le temps.

Vous fixer des objectifs SMART vous permettra de suivre l'évolution de vos progrès et de ne pas vous démotiver avec le temps.

Réflexion n° 2 : Faites comme si vous le faisiez pour quelqu'un d'autre

« Tout seul, on va plus vite. Ensemble, on va plus loin »
Proverbe africain

L'homme (ou la femme) est un animal naturellement social. Pour entretenir de bonnes relations, il est important de maintenir un lien de confiance avec ses congénères. Pour cela, rien de tel que de respecter ses engagements et de se faire des petits cadeaux. C'est pour cette raison qu'il est paradoxalement plus facile de faire quelque chose pour quelqu'un d'autre que pour soi-même. Un peu comme la cuisine : il est plus facile de se motiver à cuisiner un bon repas pour des ami(e)s que pour soi-même...

Le matin quand vous vous réveillez, j'imagine que certains jours, vous avez la pêche, d'autres non. Pourtant quelle que soit votre forme ou votre motivation, vous vous rendez chaque matin au travail... car vous ne vous posez pas la question de si vous avez envie ou pas. C'est une routine et c'est important d'aller au travail, car c'est ce que votre responsable attend de vous.

Si vous pouvez réaliser quelque chose (dont vous n'avez pas toujours envie de faire) pour les autres, alors sans doute être vous capable de faire quelque chose pour vous-même, même quand vous n'êtes pas très motivé(e).

Actions à réaliser

Vous avez un projet que vous souhaitez réaliser et que vous remettez au lendemain depuis trop longtemps ? Agissez comme si vous réalisiez ce projet pour votre chef(fe) ou pour votre meilleur(e) ami(e). Voici quelques suggestions :

- **Créez un contrat « moral »** dans lequel vous indiquez l'objet du projet, ainsi que vos droits et vos devoirs (comme dans un contrat de travail traditionnel) vis-à-vis de vous-même. Par exemple, indiquez le nombre d'heures que vous vous engagez à consacrer chaque semaine à la réalisation du projet. Signez ce document.

- **Créez un rituel.** Par exemple, rendez-vous dans une bibliothèque ou un espace de *co-working* pour mener à bien votre tâche (comme vous iriez chaque matin au bureau).

- **Bloquez des créneaux horaires** dans votre emploi du temps (comme si vous alliez au travail) pour ne pas vous laisser déborder par les contingences du quotidien.

- **Définissez des objectifs** et des dates limites à ne pas dépasser (sous peine d'« amende », voir truc n° 14 : La méthode du bâton et de la carotte).

- **Envoyez un e-mail chaque semaine** à vous-même, pour vous informer de l'avancée de votre projet (comme vous enverriez un e-mail à votre responsable).

Vous n'êtes bien sûr pas obligé(e) de faire toute cette mise en scène pour passer à l'action. Ceci étant, cette mise en scène peut vous aider à passer à l'action, en menant à bien votre projet comme si vous le faisiez pour quelqu'un d'autre.

Réflexion n° 3 : Créez un système gagnant

<u>Le saviez-vous ?</u> En Allemagne, l'un des pays les plus riches d'Europe, un salarié moyen travaille moins de 1400 heures par an, contre plus de 2000 pour le salarié grec ! Si certains pays sont plus riches que d'autres, ce n'est pas parce qu'on y travaille plus. C'est principalement car leur système économique est plus performant.

Au lieu de travailler plus pour gagner plus, mieux vaut mettre en place des processus qui permettent de gagner en productivité suivant l'adage d'Abraham Lincoln :

« Que l'on me donne six heures pour couper un arbre, j'en passerai quatre à préparer ma hache »

En matière de procrastination, c'est la même chose : au lieu d'attendre d'être motivé(e) pour passer à l'action, créez un « système » qui vous permettra d'avancer dans vos projets indépendamment de votre motivation du moment. Voici comment faire :

a. Trouvez un endroit propice

En 2017, j'ai souhaité réactualiser ce livre pour en faire une deuxième version. Mais ayant naturellement tendance à procrastiner — après tout, les cordonniers sont les plus mal chaussés — je n'ai réactualisé ce livre qu'en 2018... Pour surmonter ma procrastination naturelle (j'ai du mal à écrire chez moi), j'ai cherché un lieu propice à l'écriture. Habitant près de la Bibliothèque Nationale de France, je m'y suis rendu autant de fois que nécessaire pour achever la deuxième version de ce livre.

Si vous avez du mal à vous motiver, trouvez un endroit propice à l'action : bibliothèque, café, espace de coworking...

b. Créez-vous un environnement propice

L'être humain est un animal faible, mais très social. Ne surestimez pas vos capacités propres. Au lieu d'attendre d'être motivé(e) pour passer à l'action, mieux vaut créer un système où l'environnement est propice. Deux exemples :

1) <u>Vous n'avez pas envie de tromper votre conjoint(e) ?</u> Le meilleur moyen de ne pas succomber à la tentation est... de ne pas en avoir. N'allez pas en discothèque seul(e)s ou entre ami(e)s. Ne vous inscrivez pas sur un site de rencontre.

2) <u>Vous faites un régime ?</u> Le meilleur moyen de ne pas craquer et de ne pas manger un pot de Nutella, c'est simplement... de ne pas en avoir chez vous.

Pour passer à l'action, créez-vous un environnement sain, joli et propre qui soit naturellement propice à l'action. Par exemple, vous voulez faire plus de sport ? Vous pouvez mettre la carte de la salle de sport en évidence à côté de vos clés, placer vos clés sous votre tenue de sport, ou mettre vos chaussures de sport à un endroit très visible. Vous pouvez également coller sur le mur des posters de sportif(ves) ou des citations qui vous inspirent.

c. Automatisez les processus

Vous êtes entrepreneur(euse) ? Pour développer votre activité, voici deux possibilités. Je vous laisse les lire et décider laquelle vous préférez.

<u>Possibilité 1</u> : Consacrez de nombreuses heures à faire du démarchage téléphonique (ou à vous motiver à le faire) pour prospecter chaque client(e) un par un. Baissez vos tarifs pour attirer de nouveaux client(e)s... Dépensez une fortune en publicité pour prospecter de nouveaux client(e)s... Stressez à l'idée de quoi sera fait le lendemain.

<u>Possibilité 2</u> : Remettez-vous en question et devenez chaque jour meilleur(e) suivant la philosophie du Kaizen.

Devenez si bon et proposez des produits si incroyables que les clients affluent en masse grâce au seul bouche-à-oreille. Créez un système vous permettant de diviser par dix vos tâches administratives. Ayez tellement de client(e)s que même en augmentant sans cesse vos tarifs, vous passez davantage de temps à dire « non désolé » que « oui » à vos clients. Prospérez en ne travaillant que ce qui est nécessaire de faire.

Quelle démarche vous semble la plus pertinente ? La deuxième, j'imagine. En matière de procrastination, c'est la même chose. Ne faites pas reposer votre vie et vos projets sur votre seule bonne volonté et votre motivation — deux éléments hors de votre champ de contrôle et fluctuant dans le temps. Demandez-vous plutôt comment <u>créer un système automatique performant</u> qui vous permettra d'atteindre vos objectifs indépendamment de votre humeur du moment.

Par exemple vous avez envie de manger des plats faits maison, mais vous avez la flemme de cuisiner ? Lorsque vous êtes suffisamment motivé(e) pour vous mettre aux fourneaux (même si cela n'arrive qu'une fois par semaine) cuisinez en grande quantité. Conservez l'excédent au frigo ou au congélateur. Ainsi, vous aurez des réserves de « fait maison » même quand vous procrastinez la cuisine ! Autre alternative : bloquez des créneaux horaires dans votre emploi du temps (voir truc n° 7) consacrés à la cuisine.

Vous souhaitez apprendre une langue étrangère, mais vous procrastinez ? Rappelez-vous le truc n° 2 : exploitez vos temps morts. Vous pouvez écouter une méthode audio en conduisant ou profiter des transports en commun pour apprendre de nouveaux mots.

À titre personnel, j'apprends l'espagnol. Quand je vais à la salle de sport, entre deux séries de levées de poids, j'en profite pour réviser et apprendre des mots d'espagnol depuis une application installée sur mon téléphone.

Ainsi, j'utilise le temps du repos physique (entre les séries) pour me « muscler » intellectuellement. Grâce à ce « système sport-langue », je fais d'une pierre deux coups : en une heure, je fais à la fois mon entraînement sportif et j'apprends dix nouveaux mots d'espagnol.

Réflexion n° 4 : Créez des automatismes

> « Un imbécile qui marche va plus loin
> qu'un intellectuel assis » (Michel Audiard)

Définir des objectifs SMART, agir comme si vous le faisiez pour quelqu'un d'autre et créer un « système gagnant » peut vous aider à moins procrastiner.

Passer à l'action c'est bien. Mais tenir sur la durée, c'est mieux. Or, changer durablement n'est pas facile. La raison : créer de nouvelles habitudes prend du temps. Selon une étude menée par Philippa Lally du « Cancer Research UK Health Behaviour Research Centre », il faut en moyenne 66 jours pour créer un automatisme ; cette durée varie entre 18 et 254 jours selon les individus.

Vous avez envie de ne plus procrastiner et de faire automatiquement (=sans pensée consciente) les choses qui sont importantes pour vous ? Pour cela, créez des automatismes « gagnants ».

Comment créer des automatismes ?

Il n'existe pas de solution « magique » pour créer des automatismes. Ceci étant, je tiens à partager avec vous une piste de réflexion qui a déjà fait ses preuves :

Étape n° 1 : Définissez un challenge de 30 jours

Il est plus facile de courir 20 kilomètres une fois dans l'année que de faire un footing de 2 km une fois par semaine... Vous avez envie de passer à l'action et vous ne souhaitez pas abandonner votre projet en cours de route ? Définissez un objectif de très faible amplitude, mais réaliste. « Forcez-vous » à atteindre votre objectif chaque jour pendant une période de 30 jours. Pour vous faciliter la tâche :

1) Imprimez une feuille de suivi que vous signerez à chaque fois que vous avez réalisé ce que vous deviez faire, suivant le modèle ci-dessous :

Challenge 30 jours				
Jour 1	Jour 2	Jour 3	Jour 4	Jour 5
Jour 6	Jour 7	Jour 8	Jour 9	Jour 10
Jour 11	Jour 12	Jour 13	Jour 14	Jour 15
Jour 16	Jour 17	Jour 18	Jour 19	Jour 20
Jour 21	Jour 22	Jour 23	Jour 24	Jour 25
Jour 26	Jour 27	Jour 28	Jour 29	Jour 30

2) Mettez des rappels ou des alarmes sur votre téléphone si nécessaire pour ne pas oublier.

3) À l'issue des 30 jours, si vous avez <u>globalement</u> respecté vos engagements, offrez-vous un beau cadeau (voir truc n° 14 : La méthode du bâton et de la carotte).

Par exemple vous souhaitez écrire un livre ? Au lieu d'attendre l'inspiration pour écrire, fixez-vous, disons l'objectif d'« écrire 10 minutes par jour » ou d'« écrire 100 mots par jour ». 100 mots, c'est très peu. Certains jours, vous serez très inspiré(e) et vous écrirez peut-être 1000 mots. D'autres jours, vous ne serez pas inspiré(e) et vous écrirez péniblement 100 mots. Dans tous les cas, si vous tenez votre objectif à 25 reprises sur une période d'un mois, vous aurez déjà écrit 2500 mots — l'équivalent d'une dizaine de pages de roman.

Dans l'absolu, 10 pages ce n'est pas énorme. Mais c'est bien mieux que si vous n'aviez pas avancé du tout. Et surtout, vous commencez à créer une nouvelle habitude, celle qui consiste à écrire un petit peu chaque jour, à votre rythme.

Étape n° 2 : Définissez un challenge de 60 jours

À l'issue des 30 jours, sans doute commencerez-vous à prendre du plaisir à faire ce que vous faites.

Vos nouvelles habitudes commenceront à devenir naturelles.

Félicitations. Mais ne vous arrêtez pas en si bon chemin. Rappelez-vous : il faut en moyenne plus de deux mois pour acquérir de nouveaux automatismes !

Fixez-vous un nouveau challenge — de 60 jours cette fois. D'ici la fin du « challenge », peut-être n'aurez-vous plus besoin des alarmes de rappel et de la feuille de suivi pour agir, car vous le ferez naturellement sans avoir à y penser :) Félicitations : cela signifie que vous aurez créé un nouvel automatisme qui vous permet naturellement de ne plus procrastiner.

Réflexion n° 5 : Privilégiez les objectifs de moyens

Pour moins procrastiner, le plus important n'est pas de faire 10 000 choses aujourd'hui et rien demain. C'est d'être persévérant et d'avancer pas à pas. Après tout, dans la fable « Le Lièvre et la Tortue », c'est la tortue qui, par sa constance dans l'effort, franchit en premier la ligne d'arrivée...

Chloé est étudiante. Elle va en cours tous les jours, du lundi au vendredi. Bien sûr, certains jours, elle n'est pas motivée et elle n'a pas envie d'aller en cours. Elle a une productivité proche de zéro. D'autres jours, elle est super motivée et hyper efficace. Mais si on fait la moyenne à l'année, Chloé aura fait d'importants progrès, car elle aura été constante dans son effort, en allant en cours indépendamment de sa motivation du moment.

Pour avancer dans un projet, faites comme Chloé. Lorsque vous le pouvez, préférez vous fixer un objectif de moyen (dont la réalisation dépend de vous) plutôt qu'un objectif de résultat (dont la réalisation n'est pas entièrement sous votre contrôle). Soyez constant dans vos efforts.

À la fin de l'année, Chloé a un important partiel à passer. Plutôt que de se dire « il faut que je lise 30 pages de cours par jour » (un objectif de résultat), mieux vaut qu'elle se dise : « Je vais à la médiathèque 3 heures par jour », un objectif de moyen. Supposons que la courbe d'efficacité de Chloé puisse ainsi être modélisée :

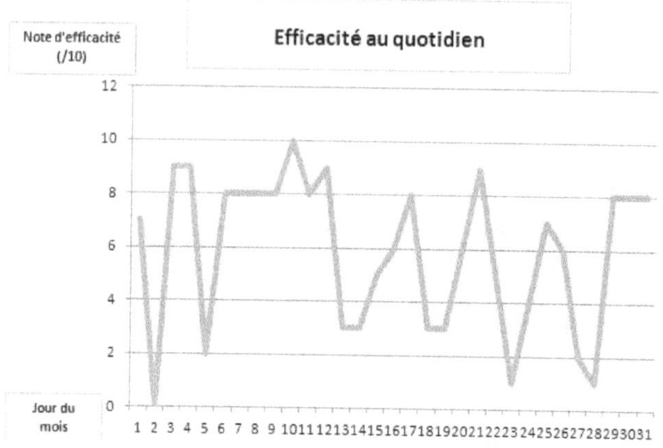

Comme vous pouvez le constater, certains jours, Chloé sera hyper efficace (10/10 le jour 10, 9/10 les jours 3,4, 12,21). D'autres jours, elle ne sera pas efficace du tout (0/10 le jour 2, 1/20 le jour 23 et le jour 28). D'autres jours, elle sera moyennement efficace. Quoi qu'il en soit, en étant constante dans son apprentissage (bibliothèque tous les jours qu'il pleuve ou qu'il vente) elle aura davantage progressé que l'élève qui attend d'être au top de sa concentration pour se mettre au travail.

À retenir

Beaucoup de gens procrastinent par peur de ne pas « être à la hauteur ». C'est une erreur. Personne n'est parfait, et personne n'a commencé quoi que ce soit en étant parfait. La première peinture de Picasso et le premier morceau de Mozart étaient sans doute bien, mais loin d'être parfaits.

Donnez-vous le droit à l'erreur. Apprenez à lâcher prise. Le plus important n'est pas de réussir chacune de vos actions. Le plus important, c'est qu'en moyenne, vous ayez fait une chose brillante dans l'année et qu'au global, vous ayez réalisé plus de choses de bien que de mal durant l'année.

Rien ne sert d'être perfectionniste dès le début. Lancez-vous sans vous fixer d'objectif de résultats. Apprenez de vos erreurs et améliorez ce que vous faites pas à pas. Après tout, « ce n'est pas en étant forgeron qu'on forge, c'est en forgeant qu'on devient forgeron ». Au début, vous aurez sans doute un niveau médiocre. Mais avec le temps, en étant dédié(e) à votre tâche, en étant curieux(se), vous deviendrez de plus en plus talentueux(se). Au fil des mois, vous gagnerez en expérience. Et si vous continuez sur la voie de la persévérance, vous deviendrez l'une des personnes les plus compétentes dans votre domaine. Quelles que soient vos actions, l'expérience vous rendra bien plus compétent(e) que si vous aviez lu des centaines de livres sur le sujet avant de vous lancer.

Vous voulez jardiner ? Inutile de procrastiner en lisant 100 livres pour tout connaître sur le jardinage. Lisez juste deux ou trois infos sur le sujet, puis lancez-vous dans le jardinage. Jardinez un peu chaque dimanche. N'ayez pas peur de faire des erreurs — vous en ferez dans tous les cas. Avec les années, vous deviendrez un jardinier plus talentueux que vous ne l'auriez jamais imaginé.

Réflexion n° 6 : Créez des points de non-retour

Ce n'est pas parce qu'on est convaincu que quelque chose est bien (ex : arrêter de fumer pour être en meilleure santé) qu'on le fait. C'est parce qu'on fait quelque chose (on a déjà commencé à arrêter de fumer) qu'on est convaincu que cette chose est bien (par cohérence interne entre pensée et actions et boucle d'autorenforcement).

Pour passer à l'action, lancez-vous sans trop vous poser de questions. Si vous trouvez qu'une tâche est difficile, n'hésitez pas à créer des situations où tout retour en arrière est impossible.

En 1975, Bill Gates (alors âgé de 20 ans) et son ami Paul Allen découvrirent l'existence de l'Altair 8800, l'un des premiers microordinateurs, créé par la société MITS et vendu aux particuliers. Bill Gates contacta le fabricant pour lui proposer un logiciel permettant de faire fonctionner l'ordinateur. Le directeur du MITS accepta la proposition.

Pourtant, Bill Gates et son ami n'avaient aucun logiciel sous le coude. Mais il fallait tenir l'engagement. Gates et son ami cravachèrent nuit et jour au laboratoire d'Harvard (Boston) pour créer le logiciel. Trente jours plus tard, le logiciel était prêt.

Le logiciel n'avait pas pu être testé, étant donné que Gates et son ami ne possédaient pas d'Altaïr. Mais il fallait tenter le tout pour le tout.

Allen embarqua dans un avion en direction d'Albuquerque (où se trouvait le siège du MITS) pour faire une démonstration. Le logiciel fonctionna du premier coup. Allen et Gates passèrent un contrat de commercialisation avec MITS. Microsoft était né.

Action à réaliser

Vous avez tendance à procrastiner ? Faites comme Bill Gates : réalisez une action ou un engagement qui empêche tout retour en arrière.

Par exemple, vous aimeriez bien partir en vacances avec des ami(e)s mais vous ne cessez de remettre au lendemain l'organisation de votre voyage ? Achetez un billet d'avion ou de train non remboursable. Pas demain, mais aujourd'hui. Ainsi, vous aurez une date butoir (la date aller de votre voyage) et vous serez « obligé(e) » de vous motiver à organiser rapidement le voyage si vous ne voulez pas perdre l'argent du billet d'avion ou de train.

CONCLUSION

Le monde s'accélère. Vie professionnelle, transports, vie sociale, vie familiale… Les raisons ne manquent pas de procrastiner en s'enfermant dans une routine « métro/boulot/dodo ». Cette routine est réconfortante, car elle ne vous fait pas sortir de votre zone de confort, mais cette routine est frustrante, car elle vous fait passer à côté de votre vie, de vos rêves et de vos objectifs.

En avez-vous assez de remettre au lendemain ce que vous pourriez faire dès aujourd'hui ? Avez-vous envie de vivre les rêves que vous ne vous êtes jamais autorisé à vivre à cause des (fausses) bonnes raisons que vous vous êtes données ? Si oui, j'espère que les 15 « trucs » que je vous ai donnés – et les suggestions d'actions à mettre en place – vous aideront à passer à l'action et à moins procrastiner.

Passez à l'action

« Les opportunités, c'est comme les autobus, il y en a
toujours un autre qui arrive »
Richard Branson

Le bon moment n'a jamais existé et il n'existera jamais
(c'est un mythe). En effet, tout dans la vie est un juste
milieu entre différentes alternatives.

Par exemple, vous voulez avoir un enfant ? Avoir un
enfant au début de la vingtaine présente des avantages :
ne pas devoir attendre pour avoir un enfant, bénéficier de
l'énergie de la jeunesse, etc. Mais cela présente également
quelques « inconvénients » : avoir une vie « moins
trépidante » que les gens célibataires ayant la vingtaine,
disposer de moins de ressources financières... À l'inverse,
avoir un enfant à la fin de la trentaine permet de
« profiter » de sa jeunesse et de se stabiliser
financièrement. Mais avoir un enfant tard peut être plus
difficile et l'éduquer sera plus fatigant, car vous n'avez
plus l'énergie de vos vingt ans.

Bref, n'attendez pas le bon moment pour agir, il n'existe
pas. Tout dans la vie n'est que succession de compromis.
Comme le dit l'adage, « mieux vaut vivre avec des
remords qu'avec des regrets ». Alors, dites non à la
procrastination et passez à l'action. Pas demain, mais
maintenant ! Comme le dit une célèbre marque de
chaussures : ***Just do it ;)***

Le mot de la fin

Ce livre est désormais terminé. Je vous remercie de l'avoir lu jusqu'au bout. J'espère qu'il vous a plu et qu'il vous aidera à moins procrastiner, au service d'une vie épanouie ;) Si vous avez la moindre question ou remarque, n'hésitez pas à m'envoyer un e-mail — webmaster@anata.fr — je me ferai un plaisir de vous répondre.

À PROPOS DE L'AUTEUR

Diplômé d'un master à l'ESC Dijon et d'un MBA à University of Kentucky, Martin KURT s'est lancé en 2011 dans l'aventure de l'entrepreneuriat (édition de sites Internet sur le thème du voyage), ce qui lui a permis de voyager et de s'expatrier pendant près de deux ans en Asie.

Actuellement, il est formateur indépendant et écrivain. Adorant écrire, Martin KURT est l'auteur de plusieurs livres abordant la thématique du développement personnel, afin d'aider ses lecteurs et ses lectrices à avoir une vie plus épanouie.

LECTURES COMPLÉMENTAIRES

De nombreuses recherches ont été effectuées dans le cadre de la rédaction de ce livre. Voici quelques lectures de référence pour en savoir plus sur le passionnant sujet qu'est la procrastination :

— http://fr.wikihow.com/arrêter-la-procrastination : 10 conseils pour arrêter de procrastiner

— http://mathieulaferriere.com/prioriser-importance-urgence-matrice-eisenhower/ : Priorisez vos tâches avec la matrice d'Eisenhower

— Getting Things Done: The Art of Stress-Free Productivity : Un excellent livre (en anglais) sur le thème « comment gagner en efficacité ».

— http://lifehack.org/articles/lifestyle/read-this-now-stop-procrastinating-and-get-stuff-done-or-else.html : Un excellent article (en anglais) qui donne 6 moyens pour ne plus procrastiner.

— https://fr.wikihow.com/vous-motiver-pour-aller-%C3%A0-la-salle-de-sport : Cet article explique comment vous motiver à faire quelque chose de difficile (comme faire du sport). Vous apprécierez le conseil n° 2, consacré à la mise en place d'un système de récompenses.

www.ingramcontent.com/pod-product-compliance
Lightning Source LLC
Chambersburg PA
CBHW060114260726

48658CB00004B/1545